270 Jahre Apotheke Ebersdorf
in Saalburg-Ebersdorf/Thüringen

von

Heinz-Dieter Fiedler

© 2016 Heinz-Dieter Fiedler
Herstellung und Verlag: BoD – Books on Demand, Norderstedt.
ISBN 9783741225765

Inhalt:

1. Die Entstehung der Brüdergemeine Ebersdorf 5
2. Die Anfänge der Apotheke unter Dr. Hasse 8
3. Dr. Gebhardt – Vater und Sohn 12
4. Ein altes Buch aus der Apotheke 14
5. Christian Ludwig Laschenal 18
6. Christian Julius Aschenbach 24
7. Andreas Schäfer 25
8. Chr. Theodor Lappe – ein Pionier der Homöopathie 27
9. Heinrich Wilhelm Gempp 29
10. Lehrverträge 31
11. Benjamin Zacharias Herbrich 32
12. Die „Administration" der Gemein-Apotheke 34
13. Herbrichs Rezeptbuch 37
14. Julius Koch 41
15. Hermann Ludwig Schmitt 42
16. Die Eckmarkschen Pillen 43
17. Hermann Eschert 45
18. Die 46 Jahre dauernde Ära Richard Martin 46
19. Wilfried Padel 49
20. Albert Kindt – der erste Apothekenpächter 50
21. Ottokar Klink – schwere Zeiten 51
22. 48 erfolgreiche Jahre – Dr. Rudolf Laufke 53
23. Zinzendorf-Apotheke von Pharmazierat Günter Müller 56

1. Die Entstehung der Brüdergemeine Ebersdorf

Die Geschichte der Apotheke Ebersdorf[1] ist eng verbunden mit der Geschichte der Brüdergemeine Ebersdorf. Die Anfänge der Apotheke liegen im Jahr 1746, demselben Jahr, in dem am 16. Oktober das Gemeindehaus der Brüdergemeine mit dem Versammlungssaal eingeweiht wurde. Dieses Datum gilt seither als Gründungsdatum der Gemeine. Die Apotheke blieb mehr als 200 Jahre im Besitz und in der Verwaltung der Brüdergemeine. Und bis zum Jahr 1936 waren auch alle Apotheker Mitglied der Brüdergemeine.

Die Brüdergemeine Ebersdorf hatte an ihrem offiziellen Gründungstag bereits 400 bis 500 Mitglieder. Die Anfänge liegen also etwas weiter zurück. Ebersdorf war 1694 mit der Heirat das Grafen Heinrich 10. Reuß jüngere Linie zur Residenz der Herrschaft Reuß-Ebersdorf geworden. Der Graf und seine Gattin Erdmuthe Benigna von Solm-Laubach waren fromme Leute und Anhänger des Pietismus. Dieser Glaubensrichtung gehörten neben den Ebersdorfer Grafen zahlreiche weitere Vertreter des ländlichen Adels an. Ihr Bestreben war es, 200 Jahre nach Luther, mit einem „Christentum der Tat" den Glauben neu zu beleben. Dabei hatten sie auch ihre zum großen Teil ungebildeten und in ärmlichen Verhältnissen lebenden Untertanen im Blick. Durch Waisenhäuser, Schulen, Verbesserung der medizinischen Betreuung – dazu gehörte die Einrichtung von Apotheken - sollten

---

[1] Die folgenden Ausführungen basieren in wesentlichen Teilen auf einer Arbeit des langjährigen Leiters der Ebersdorfer Apotheke, Dr. Rudolf Laufke. Er hat sie bereits 1961 als Folge von 3 Artikel in der „Volkswacht" unter der etwas irritierenden Überschrift „200 Jahre Ebersdorfer Apotheke" veröffentlich. 1996 anlässlich des 250jährigen Bestehens der Brüdergemeine Ebersdorf hat er die Geschichte der Apotheke in einem Vortrag vorgestellt. Eine schriftliche Fassung wurde 1998 im Heimatjahrbuch des Saale-Orla-Kreises veröffentlicht. Sie ist in gekürzter Fassung auch auf der Webseite www.apotheke-ebersdorf.de zu finden.
Im folgenden Text wird auf diese Quellen nicht mehr explizit hingewiesen.

die Lebensbedingungen dieser Menschen verbessert werden. Gleichzeitig sollten sie zu einem sittsamen Lebenswandel angehalten werden. Entsprechende Verbote, z.B. das Verbot des Tanzens, erschienen hierfür die geeigneten Mittel.
Gräfin Erdmuthe Benigna stiftete 1732 in Ebersdorf ein Waisenhaus. (Es stand an der Stelle, an der sich heute das Comeniuszentrum befindet.) Ihr Sohn Heinrich 29., der damalige Landesherr, war mit Nikolaus Ludwig Graf von Zinzendorf befreundet. Die Tochter Erdmuth Dorothea war mit Zinzendorf verheiratet. Zinzendorf hatte 1722 auf seinem Landgut in der Lausitz mährische Glaubensflüchtlinge aufgenommen. Daraus war der Ort Herrnhut entstanden und 1727 eine eigene Kirche, der Herrnhuter Brüdergemeine. Diese Gemeinschaft wuchs rasch und verbreitete sich deutschlandweit und durch ihre Missionstätigkeit auch weltweit. Ab 1735 entstand in Ebersdorf eine ähnliche Gemeinschaft, die sich aber zunächst am Hallischen Pietismus orientierte und sich erst 1745 an die Herrnhuter Brüdergemeine anschloss. Heinrich 29., der mit seiner Familie Mitglied der Ebersdorfer Gemeine war, hatte in den Franckeschen Anstalten in Halle studiert. Und so orientierte man sich bei der Gestaltung der Ebersdorfer Gemeine am Hallischen Vorbild. Neben dem Waisenhaus wurde eine Schule mit Pension, eine Waren-Handlung, eine Druckerei und auch eine Apotheke eingerichtet.

Die Franckeschen Stiftungen in Halle waren Vorbild für die Einrichtungen in Ebersdorf

Das 1746 erbaute Gemeinhaus der Herrnhuter Brüdergemeine Ebersdorf.

Im 1. Stock befindet sich der Versammlungssaal. Die Apotheke (links) und der Gemeinladen sind im Erdgeschoss.

Ausschnitt aus einem Plan der Herrnhuter Colonie 1750.

Die Nummerierung der Häuser von oben nach unten:
   8 - Schwesternhaus
   9 - Gemeinhaus
  10 - Apotheke (der untere Eingang des Gemeinhauses)
  11 - Großes Brüderhaus (das jetzige Kleine Brüderhaus)
  12 - Kleines Brüderhaus (das ehemalige Waisenhaus, an dieser Stelle steht jetzt das Comeniuszentrum)

2. Die Anfänge der Apotheke unter Dr. Hasse

Im 1746 gebauten Gemeinhaus der Ebersdorfer Brüdergemeine befindet sich seither der Versammlungssaal, der sich über die gesamte 1. Etage erstreckt. Im Erdgeschoss wurde 1749 durch Bruder Pohlmann der Gemeinladen eingerichtet. Er handelte mit Waren des täglichen Bedarfs.

Schon seit 1745 gab es einen Arzt am Ort, Dr. Johann Friedrich Hasse. Er hatte anfangs wenig zu tun und verfügte nur über einen bescheidenen Medikamentenvorrat. Seine offizielle Berufung als Arzt und Apotheker im Jahr 1746 kann man aus einem Protokollvermerk ableiten „Steinhofer recommandirte Haßen als Doctor und Apothecer über unsre noch anzurichtende Apothece".[2] Um aus den bescheidenen Anfängen eine richtige Apotheke zu machen, kam 1747 für einige Wochen Bruder Schmidt aus einem anderen Brüdergemein-Ort, Marienborn, nach Ebersdorf. In einem 1748 verfassten Bericht heißt es: „Anno 1747 aber wurde der Br. Schmidt anhero gesand dass er Medicamenten anfertigen und ein bräuchliches Appothecke anrichten solle. Er suchte sich die viel in hießiger Gegend seyenden Kräuter selbst zusammen, reißte nach Naumburg und kauffte die nötigen Materialen ein, verfertigte vieles und damit es in Ordnung kommen möge sind des Dr. Hasse seine gehabte Medicamento dazu käuflich übernommen und zur ganzen Sache aus der Gemein Cassa rth 250 vorgeschossen worden. Nun ists wohl noch so ein dienliches Appothecke draus geworden und im Wayßenhauß eingerichtet."[3] Weiter wird in dem Bericht ausgeführt, dass „der Hasse zu sehr überladen ist, wenn er Kranke besuchen, Medicamente preparirn, solche austheilen und auch Rechnung über Einnahme und Ausgabe führen soll. Deswegen wir sehr nötig einen ordentlichen

---

[2] Protokoll der Amts- und Helfer-Conferenzen vom 13. Juli 1746
[3] Anmerckungen von Weinel über einige Ebersdorfische äußre Umstände wie sie dem Papa Z. in s. Hierseyn in mt. Martii 1748 übergeben worden sind, Archiv der Brüdergemeine Ebersdorf, handschriftlich, 1748 – P.A.II.R.9.

Apotheker hätten, wenn zumalen die Sache fortgeführt und vermehret zu werden vor gut befunden wird. Bisher ist es damit eine Privat Sache geblieben und separat gehalten worden. ... Obs nun immer Privat bleiben oder Publique werden soll, das bleibt dem gutfinden des theuren Papa[4] überlassen. Würde es Publique werden sollen, so ist dazu im Gemein Hauß schon eine Gelegenheit gegeben."

Dass die Apotheke in der Folge für die Öffentlichkeit eingerichtet wurde, scheint also letztlich eine Entscheidung Zinzendorfs gewesen zu sein. Vermutlich 1749 erhielt sie dann ihren Standort im Gemeinhaus.

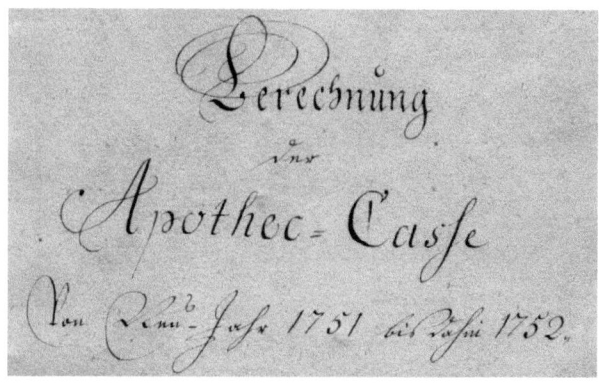

Einen Einblick in den damaligen Geschäftsbetrieb gibt uns die „Berechnung der Apothec-Casse" aus dem Jahr 1751, die vom Leiter des Gemein-Ladens Johann Christoph Pohlmann geführt wurde. Das Betriebskapital, von der Brüdergemeine vorgeschossen, betrug 462 Taler. Der Jahresumsatz lag bei 239 Taler. 42 Taler waren Außenstände. Empfänger der Medikamente waren hauptsächlich die Einrichtungen der Brüdergemeine, wie Waisenhaus, Schwestern- und Brüderhaus. Es sind aber auch Patienten aus umliegenden Orten aufgeführt: Lobenstein, Friesau, Röppisch, Zoppoten, Ruppersdorf, Pottiga, Neuendorf, Titschendorf, ja sogar Gera. Die für die Apotheke getätigten

---

[4] Die damals in der Gemeine übliche Anrede für Zinzendorf

Einkäufe betrafen vor allem Kräuter: Engelwurz, Königskerzenblüten, Macis, Pomeranzen, Pfeffer, Ingwer, Anis, Muskatblüten, Lycopodium, Fenchel, Tamarinde, Marrubium album, Himbeeeren, Engelsüß, Tausendgüldenkraut und Calmus. Die Pflanzen wurden häufig aus der Region bezogen, z.B. aus der Hofgärtnerei und dem Schwesternhaus. Weitere Ausgaben erfolgten für Rosinen, Honig, Zucker, Branntwein, Weinessig, Lebenspulver, Magenelixier und Baumöl.

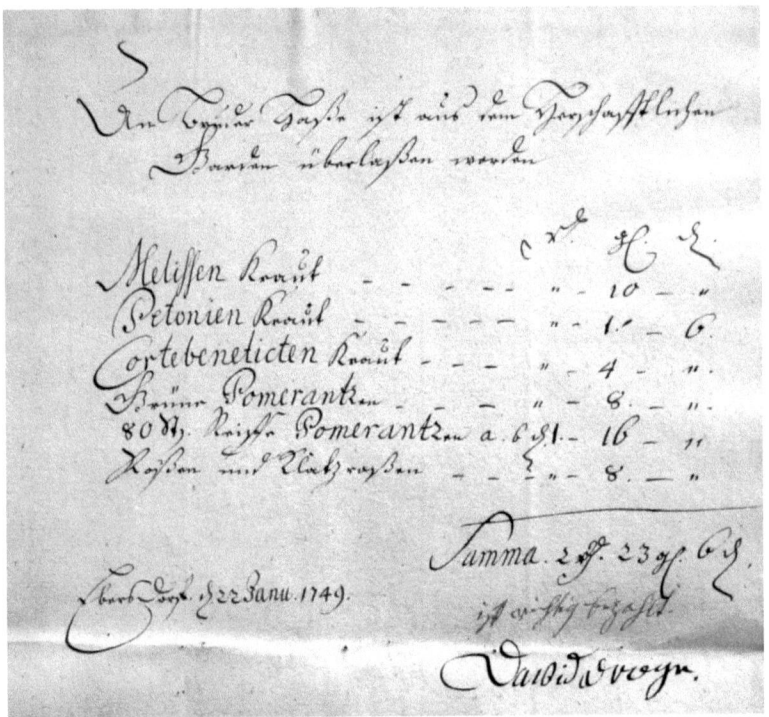

Rechnung des Hofgärtners David Droge über Pflanzen-Lieferung an Dr. Hasse im Jahr 1749:
„An Bruder Haße ist aus dem Herrschaftlichen Garden überlaßen worden"

An Chemikalien wurden gekauft: Alaun, Pottasche, Vitriol, Salpeter, Tartar.vitriolatus, Clyssus antimonii sulphuratus und Grünspan. Ebenfalls angeschafft wurden verschiedenen Geräte und Gebrauchsgegenstände, wie Korken, Gläser, Bindfaden,

Schachteln, Schneidemesser, 1 Buch Silber. Es ist zu vermuten, dass auch präparative Arbeiten durchgeführt wurden. Dafür spricht das Verzinnen einer Blase, die Anschaffung eines Schmelztiegels und das Versetzen des Laborofens.
Bei seinem Weggang von Ebersdorf hatte Schmidt den Bruder Knutzen, „der sich in der Chemie so gut wie er auskenne" für die Arbeiten im Labor vorgeschlagen.
Mit Dr. Hasse gab es einige Probleme. Die ledigen Schwestern wollten sich von ihm als unverheiratetem Arzt nicht behandeln lassen. Graf Zinzendorf, der damals in der gesamten Brüdergemeine die Fäden in der Hand hielt, gab 1751 die Anweisung: „Hasse soll heiraten. Er soll die Witwe Wilhelmina haben." Hasse ist dann aber wohl lieber von Ebersdorf weg gegangen.

3. Dr. Gebhardt - Vater und Sohn

Sein Nachfolger wurde Phillip Ludwig Gebhardt (1712-1798). Er kam 1752 mit Frau und Kind aus Marienborn und wurde als „Gemein-Medicus, Chirurgus und Apotheker" nach Ebersdorf berufen. Phillip Gebhardt hat bis 1779 praktiziert und die Apotheke innegehabt. Dann hat er die Arztstelle samt Apotheke an seinen Sohn Jacob Ludwig Gebhardt (1752-1793) übergeben. Dabei wurde vertraglich festgelegt: „Übergibt Bruder Heinrich Phillip Gebhard seinem Sohn Ludwig oberwehnte Apotheque dergestalt und also, daß Bruder Ludwig Gebhard dieselbe künftig für seine eigene Rechnung gebrauche, führe und nutze."

Im Gegensatz zu den meisten ihrer Nachfolger haben Vater und Sohn Gebhardt also die Apotheke privat betrieben. Bei der Übergabe beträgt der Wert des Inventars 564 Taler. 280 Taler Kapital der Brüdergemeine stecken in der Apotheke, für die Vater Gebhardt weiter haften will. Darüber hinaus verspricht Gebhardt jun., seinem Vater bis ans Lebensende jährlich 183 Taler Unterhalt zu zahlen.

Gebhardt jun. hatte in Ebersdorf und Herrnhut eine gute Ausbildung genossen und anschließend in Zürich und Dresden bei damals berühmten Ärzten studiert. Er promovierte in Jena zum Doktor der Medizin. Vom Grafen Reuß wurde er zum Leib- und Hof-Chirurgen ernannt. Mit einigen für die damalige Zeit spektakulären Operationen wurde er über Ebersdorf hinaus bekannt. 1790 hat er ein Buch „Allgemeine Gesundheitsregeln" herausgegeben. Es hat 400 Seiten und wurde in Lobenstein gedruckt.

Einige Jahre nach der Übernahme durch Dr. Gebhardt jun. bemängelte die Leitung der Brüdergemeine, dass Gebhardt die

Apotheke nicht hinlänglich besorge. Es sei vorgekommen, „dass Leute in Br. Ludwig Gebhardts Abwesenheit diese oder jene Medizin verlangt haben, darinnen ihnen der Lehrling nicht hat dienen können." 1789 gab auch der Rat Schrater den sehr dringlichen Rat, dass die Apotheke abends, sonntags und feiertags nicht möchte verschlossen sein. Als Abhilfe wurde festgelegt, dass der Provisor Laschenal in der Apotheke wohnen und schlafen solle.

Gebhardt verfertigte, wie damals üblich, die meisten Medikamente für den täglichen Bedarf selbst. Durch die verbesserten Verkehrsverhältnisse wurde es aber auch möglich, mit Medikamenten zu handeln. Dr. Gebhardt verfertigte einige Medikamente, die er weit über Ebersdorf hinaus vertrieb. Für die Gebhardtschen Visceral-Pillen wurde in verschiedenen Zeitungen geworben, sie wurden auch noch nach Gebhardts Tod durch seine Frau und später seine Kinder verkauft und deutschlandweit versandt.

> **Nachricht von dem Gebrauch und der Wirkung der Doctor Gebhardischen Visceral-Pillen.**
>
> Diese Pillen haben sich nicht nur gegen die heut zu Tage so allgemeine Uebel: die Nervenschwäche, schlechte Verdauung, Säure, Verschleimung und Schwäche des Magens und denen daher entstehenden vielfachen hypochondrischen und hysterischen Beschwerden und Zufällen; wie nicht weniger bey Hämorrhoidal-Anfällen und Rückenschmerzen, sondern auch in andern chronischen und langwierigen Krankheiten, von verdorbener Galle, Verhärtungen der Leber und andern Theilen des Unterleibes, in der Wassersucht, Gelbsucht, kalten Fiebern u. s. w. durch ihre — durch viele Zeugnisse bestättigte — vortreffliche Wirkung in genannten Krankheiten und Zufällen, bereits hinlänglich legitimirt. Ein mehreres und bestimmteres von ihrer Wirkung und dem bey den verschiedenen Uebeln anzuwendenden besondern Gebrauch, besagt ein gedruckter ausführlicher Gebrauchszettel, deren immer einer bey jeder Schachtel befindlich ist. Diese Pillen werden nur in Schachteln zu 3 Loth, welche ohngefehr 360 Stück enthalten, und mit meinem Petschaft versiegelt sind, ausgegeben. Eine solche Schachtel kostet 1 Thlr. 8 gr. sächsisch oder 2 fl. 24 kr. rheinl. Auch sind ebenfalls bey D. Jacob Ludwig Gebhards seel. Wittwe in Ebersdorf, eine Sorte Pfeffer-Münz-Küchel von besonders guter Wirkung zu haben. Diese Pfeffer-Münz-Küchel sind zu gebrauchen bey schwachen, verschleimten, mit Blähungen behaftetem Magen, sie machen eines jeden Appetit und befördern die Verdauung, bey übelriechendem Athem, lockern Zahnfleisch, dicken verschleimten Hälsen, und leisten gute Hülfe im Kopfweh, wenn solches aus dem Magen herkommt. Nach Beschaffenheit der Beschwerden können des Tags 15 bis 20 Stück genommen werden; bey schlechter Verdauung werden 4 biß 6 Stück vor und nach Tisch gute Wirkung thun. Das Pfund von diesen Pfeffer-Münz-Küchel kostet 1 Thlr. 8 gr. sächsisch oder 2 fl. 24 kr. rheinisch, und dieselben werden auch in kleinern Portionen, nach eines jeden Belieben, verkauft; und sind sowohl bey des Erfinders, D. Jacob Ludwig Gebhards seel. Wittwe in Ebersdorf bey Lobenstein im Voigtland, bey welcher sowohl diese Pillen als die Pfeffer-Münz-Küchel ächt und gut verfertiget werden; als auch in Commission bey Hrn. Hof-Commissarius Gotthelf Müller in Dresden, in der Schloßgasse Nro. 335 desgleichen bey Hrn. Senfal Vestner in Nürnberg, und bey Hrn. Georg Kramer, Papierhändler in Augsburg, zu haben.

4. Ein altes Buch aus der Apotheke

20 Wasserflaschen
    <u>von</u> Acetum Vini   <u>bis</u>   Aqua Valerianae
58 Tinkturgläser
    <u>von</u> Elixir Aurantior comp.   <u>bis</u>   Liquamen Myrrhae
28 Spiritusflaschen
    <u>von</u> Acetum aroniaticum   <u>bis</u>   Spirit Mindereri

25 *Fette Öle*
　　von　Axungia Aschiae　　　　bis　Oleum Tenebinthinae
45 *Atherische Öl-Gläser*
　　von　Kreosotum　　　　　　　bis　Tinct: nervin Bestascheff
66 *Präparaten-Gläser von 1 Unze Inhalt*
　　von Acid: phosphoric: glaciale　bis　Stannum muriaticum
48 *Präparaten-Gläser von 2 Unzen Inhalt*
　　von Acidum nitricum　　　　　bis　　Vaniglia
41 *Präparaten-Gläser von 6 Unzen Inhalt*
　　von　Alumen ustum　　　　　　bis　Vitriol: Martis: pur
22 ☠ *Säure-Flaschen von 8 Unzen Inhalt*
　　von Acet: Saturni　　　　　　bis　　Rubramentum
183 *Kleine Holzkästen*
　　von Agaricus　　　　　　　　bis　Vitriol: Martis
15 ☠ *Kleine Holzkästen*
　　von Amygdalae amarae　　　　bis　　Herba Belladonnae
14 ☠ *Große Holzbüchsen*
　　von Cocculi indici　　　　　　bis　　Stramomi
20 ☠ *Kleine Holzbüchsen*
　　von　Pulvis. Cantharidum　　bis　　Nuces Vomic:
21 ☠ *Tinktur-Gläser*
　　von Tinctura Antimonii acris　bis Spiritus cornu Corvi
20 ☠ *Extrakt-Büchsen*
　　von Extractum Aconiti　　　　bis　　Elactuar Theriaci
131 *Große Holzkästen*
　　von　Cort: nuc: Jugland　　　bis　　Sulfur caballin
　2 ☠ *Große Holzkästen*
　　von　Herba Conii　　　　　　bis　　Herba Hyoscyami
41　Salben-Büchsen
　　von Axungia Canis　　　　　　bis　　Sapo terebinth:
42 *Extrakt-Büchsen*
　　von Extract: Absynthii　　　　bis　　Extract: Calendulae

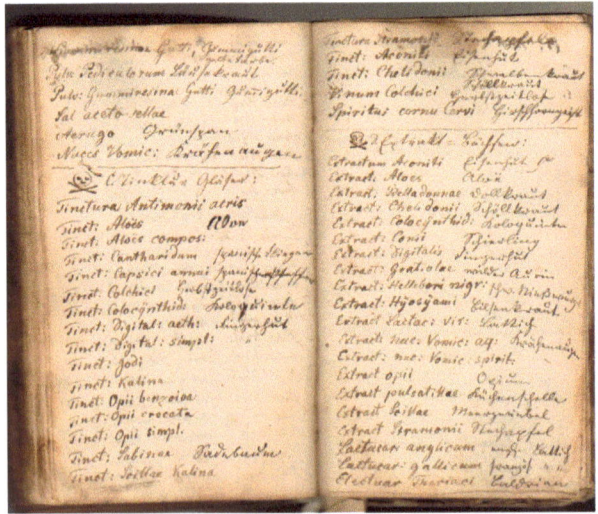

Die Inhalte einiger Tinktur-Gläser und Extrakt-Büchsen

40 Syrupe
  von Mel despumat: bis Camphora
53 Holzbüchsen
  von Asa foetida   bis Pulv: rad: Ireos.fl.
28 Große Holzbüchsen
  von Pulvis rad: Levistic: bis Pulvis sternutat: virid:
42 Pflaster-Kästchen
  von Cera alba   bis Emplastra varia

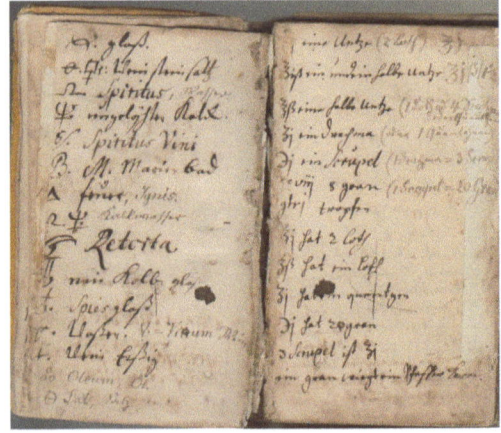

Einige früher in der Apotheke gebräuchliche Symbole und Gewichtseinheiten

Von den in diesem Buch beschriebenen Arzneien und Behandlungsmethoden soll hier nur eine kleine Auswahl durch Nennung der Überschrift vorgestellt werden:
- Ein stärkendes Mittel vor schwache Natur
- Des Herrn Oberst Petri grüne Magentropfen
- Vor die Krätze
- Schlafbringendes Mittel das einer nichts fühlet
- Wunderbarer Liquor vor die Augen
- Oel wider die Franzosen[5]
- Wider das böse Wesen
- Wider die Sommersprossen
- Wider das Klingen der Ohren
- Die Haare in geschwinder Eil wachsend machen
- Die Zähne ausreißen.

Als Jacob Ludwig Gebhardts durch fortschreitende Krankheit mehr und mehr an der Ausübung seines Berufes gehindert wurde, hat sein alter Vater nochmals die Besorgung der Apotheke übernommen. Aber auch er war bald wegen Kränklichkeit und Gehörschwäche nicht mehr in der Lage, die Apotheke ordnungsgemäß zu führen, und musste sie 1792 abgeben. Gebhardt junior starb im darauf folgenden Jahr mit 41 Jahren, 5 Jahre später auch sein Vater.

---

[5] Das klingt schlimmer, als es ist. Mit Franzosen sind hier die Schaben gemeint. In manchen Gegenden wurden diese Tiere als Schwaben, Preußen oder eben Franzosen bezeichnet. Ein bisschen Rassismus war aber trotzdem dabei, denn Schaben sind doch recht unangenehme Tiere.

5. Der Apotheker Laschenal

1792 wurde „die für Rechnung und Credit der Gemein-Diakonie eingerichtete Apotheke zur Direction" an den bisherige Provisor Christian Ludwig Laschenal (1759-1809 – auch La Chenal oder Laschinalle) übergeben. Im Gegensatz zu Gebhardt betrieb Laschenal also die Apotheke nicht „auf eigene Rechnung", sondern war von der Gemeine angestellt.

Nach Gebhardts Tod blieb die Gemeine einige Jahre ohne Arzt. Dem Apotheker Laschenal wurde deshalb die Erlaubnis erteilt, den Gemeingliedern bei Unpässlichkeiten mit seinem Rat zu dienen. Mit der Behandlung bedenklicher Krankheiten solle er sich aber nicht einlassen.[6]

1797 kam Doktor Johann Sörensen als Gemeinarzt nach Ebersdorf und blieb bis 1816.

Aus dem Jahr 1808 ist ein Kontrakt erhalten, in dem die Rechte und Pflichten des Apothekers festgelegt sind.

Demnach soll der Apotheker „unter Verantwortlichkeit gegen den Vorsteher und unter dessen Aufsicht mit möglichster Treue und allem Fleiß dieses Geschäfte führen". Für seine „Bemühung und Sorge und zu seinem und seiner Familie Unterhalt wird ihm, ausser Miethfreyer Wohnung, ein wöchentlicher Gehalt von Fünf Reichsthalern Sechsisch Geld ausgesetzt, und auf den Fall seines Ablebens, seiner hinterlassenen Witwe ... eine angemessene ... Pension gereicht." Ebenso soll für die Kinder gesorgt werden.

Bruder Laschenal verpflichtet sich:

Darüber hinaus keine weiteren Ansprüche zu stellen.

Alle zwei Jahre eine Inventur durchzuführen.

Die Geschäftsbücher „pünktlich und deutlich" zu führen.

Ausstehende Schulden bestmöglichst einzutreiben.

Durch gute Bedienung und preiswürdige Waare die Kundschaft zu vermehren.

Keine größeren Warenankäufe ohne Genehmigung des Gemein-Vorstehers zu tätigen.

Keine Nebengeschäfte für eigene Rechnung zu tätigen.

---

[6] Protokoll der Ältesten-Conferenz vom 1. Nov. 1796

In allen Fällen von Wichtigkeit den Rat des Vorstehers einholen.

Vermutlich mit der Geschäftsübernahme durch Laschenal im Jahr 1792 wurde die Apotheke vom Gemeinhaus an ihren jetzigen Standort in der Parkstraße 9 verlagert. Das kann man daraus

schlussfolgern, dass der Ältestenrat in diesem Jahr beschloss, ein Zeichen mit dem Schriftzug „Apotheke" an das Haus zu setzen. Zudem wurde die Laterne ans Eck des Hauses versetzt, „damit die Straße zu Dr. Gebhardts Haus hin auch zugleich mit erleuchtet wäre."[7] Gebhardt jun. hatte 1790 ein Haus gebaut (jetzt Weg der Jugend 2).
Das damals angebrachte Apotheken-Schild ist bis zum heutigen Tag erhalten geblieben.

---

[7] Protokoll Aufseher-Colleg. Vom 12. Sept. 1792

Ob allerdings der Umzug an den neuen Standort genau im Jahr 1792 erfolgte, konnte im Archiv nicht ermittelt werden. 1782 jedenfalls befand sich die Apotheke noch im Gemeinhaus.
Das geht aus dem Bericht eines Besuchers hervor, der die Herrnhuter Colonie wie folgt beschreibt: „In der Mitte steht das Gemeinhaus, mit einem Thurm und einer Glocke. Eine hohe Treppe führt zum Portal desselben. Zur Rechten und Linken hat es noch zween kleinere Eingänge. Der Eine führt zur Apotheke, der Andere zum Kaufladen."[8]
Mit dem Bau des jetzigen Apothekengebäudes in der Parkstraße wurde schon 1746 begonnen. Es sollte ursprünglich ein Schwesternhaus werden und hauptsächlich von der Komtesse Agnes von Promnitz finanziert werden, die dort als einfache Schwester unter Schwestern wohnen wollte. Da sie aber 1747 heiratete und von Ebersdorf wegging, geriet der Bau ins Stocken und konnte erst 1761 fertig gestellt werden. Er wurde nunmehr zu einem Familienwohnhaus bestimmt, denn die ledigen Schwestern hatten inzwischen ein Chorhaus erhalten – das spätere Emmaus an der Lobensteiner Straße. Das sogenannte Apothekengebäude ist bis auf den heutigen Tag im Besitz der Brüdergemeine. Spätestens seit 1792 ist im Erdgeschoss die Apotheke untergebracht. Darüber wohnte immer der Apotheker. Der Anbau nach dem Park hin wurde anfangs als Wohnhaus

---

[8] Von der Brüdergemeine in Ebersdorf. Ein Schreiben vom 2. Nov. 1782. In: Wöchentliche Unterhaltungen zum Nutzen und Vergnügen, Band 1, S. 365ff. Nürnberg 1783

genutzt und hatte nichts mit der Apotheke zu tun. Erst 1816 wurde beschlossen „für die Vergrößerung des Laboratoriums der Apotheke Br. Hussens Wohnung zu verwenden".[9]

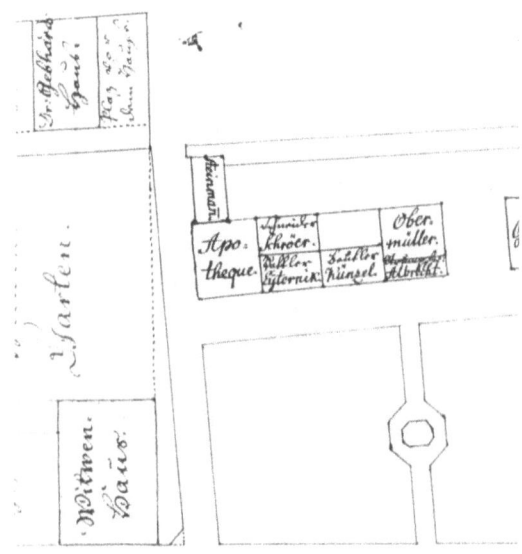

Eine Lageplan von 1792 zeigt das Familienhaus mit den Namen der Bewohner, links die Apotheke

Laschenal war der erste Verwalter, der nur als Apotheker ausgebildet und tätig war. Er wurde als Sohn eines Arztes in Marienborn geboren, in verschiedenen Brüdergemeinen ausgebildet und kam 1785 nach Ebersdorf als Provisor in die Apotheke. Als leitender Apotheker führte er die Geschäfte mit wechselndem Erfolg. 1806 musste ein Verlust von 299 Talern verbucht werden. 1808 dagegen konnte man sich über einen Überschuss von 387 Taler freuen. Die Zahl der Rezepte wird 1805 mit etwa 1000 angegeben. Die Einnahmen wurden noch dadurch geschmälert, dass die Ärzte, zur damaligen Zeit Dr. Sörensen und

---

[9] Protokoll der Ältesten-Conferenz vom April 1816

der Hofmedicus Dr. Wolter, die Medikamente den Patienten selbst in Rechnung stellten und der Apotheke nur einen Anteil davon abgaben. Allerdings wurden in der Apotheke nicht nur Arzneien hergestellt und verkauft. Es gab auch viele Dinge, die ohne Rezept abgegeben wurden. So ist in einer Inventur der Vorrat an Medizin mit 396 Talern beziffert. Der Vorrat an Siegellack machte 33 Taler aus.

In Laschenals Dienstzeit fällt der Durchzug der Großen Französischen Armee unter Napoleon im Jahr 1806. In einem Bericht aus dieser Zeit heisst es: „Sobald die Truppen da waren, herrschte Unruhe aller Art. Im Gasthof und in der Apotheke musste fortwährend Wein und Branntwein ausgeteilt werden."
Der damalige Ortsvorsteher Heinrich Andresen schreibt in einem Brief: "Es dauerte nicht lange, so kam Br. Laschenal mit tränenden Augen und klagte, dass in der Apotheke alles drunter und drüber ginge; es sei eine Menge in den Keller gedrungen, hätte den Branntwein teils genommen, teils weglaufen lassen, eine große Anzahl Eier geraubt und in der Apotheke alle Spirituosen gekostet und getrunken, die Flaschen zerschmissen usw.
Auf der Straße, besonders vor der Apotheke lagen viel zerbrochene Flaschen. Die ersten hatten fast überall ordentlich bezahlt, daher

man die folgenden ohne Furcht hineinließ; als man aber inne wurde, wie sie sich benahmen, so verschlossen und verrammelten die Geschwister ihre Haustüren, sobald sie einmal ihr Haus leer hatten. Dies war auch in der Apotheke geschehen, nachdem ein Offizier... die Plünderer vertrieben hatte. – Je mehr Volk heran rückte, desto tumultuarischer ging es im Orte zu." [10]
Der Vorrat an Spirituosen in der Apotheke dürfte recht beträchtlich gewesen sein. Aus den Inventuren können wir ersehen, dass der Umsatz an Branntwein recht rege war. Bezogen wurde der Weingeist aus der Fürstlichen Brennerei in Ebersdorf, die laut Übereinkunft als einzige Bezugsquelle der Apotheke festgelegt war.

Laschenal hatte bald schon unter gesundheitlichen Problemen zu leiden. Wegen seiner Schwächlichkeit musste bereits 1798 ein Provisor eingestellt werden. 1809 ist Lachenal im Alter von 55 Jahren gestorben.

---

[10] J.H. Andresen/H.-D. Fiedler: Ebersdorf während des Durchzugs der französischen Hauptarmee unter Napoleon im Oktober 1806, BoD-Verlag, Norderstedt 2016

6. Christian Julius Aschenbach

Laschenals Nachfolger in der Apotheke wurde Christian Julius Aschenbach (1788-1815). Er war 1801 als Lehrling in die Apotheke nach Ebersdorf gekommen und beendete die Ausbildung, obwohl man ihn wegen „Geruchsschwäche" nur für bedingt geeignet hielt. Als Laschenal starb, war Aschenbach Provisor und erst 20 Jahre alt. Daher wurde er zunächst nur aus Mangel an Alternativen mit der Führung der Apotheke betraut. Drei Jahre später wurde ihm aber vollständig die Direktion übergeben. Von Aschenbach ist eine Pflanzensammlung, die „Flora Ebersdorfiensis" erhalten, die uns die ausgezeichneten floristischen Kenntnisse dieses Mannes verrät. Diese Flora, die das Gebiet Lobenstein – Zschachenmühle – Weisbach – Burgk – Saale – Blankenstein umfasst, führt den größten Teil der wichtigeren Pflanzen auf. So waren Aschenbach die Fundorte der Himmelsleiter (Polemonium coeruleum L.), des südlichen Mariengrases (Hierochloe australis (Schrad.) T. et Sch.), des Milchfarns (Ceterach officinarum Rautenfarns (Botrychium matricariaefolium (Retz.) A.Br.), des Zwergbuchs (Polygala chamaebuxus L.), des bunten Eisenhutes ((Acinitum variegatum L.), des Tannen- und Sumpfbärlapps (Lycopodium selago L., L. inundatum L.) usw. bekannt. Ziehen wir bei dieser Würdigung die berufsbedingte spärliche Freizeit in Betracht, so muss diese Leistung umso höher bewertet werden.[11]

Christian Julius Aschenbach wurde nur 27 Jahre alt. Nach längerer Krankheit ist er 1815 gestorben.

Soli Dei Gloria.

---

[11] aus Dr. Rudolf Laufke: Geschichte der Apotheke Ebersdorf, Vortrag 1996

7. Andreas Schäfer

Im selben Jahr wurde Andreas Schäfer (1779-1832) mit der Leitung der Apotheke beauftragt. Er stammte aus der Nähe von Bautzen und war ebenfalls Mitglied der Brüdergemeine. In Niesky hatte er zunächst das Weberhandwerk gelernt, war aber dann in die Apotheke gewechselt. Nach 12 Jahren in Niesky ging er für 7 Jahre als Provisor in die Apotheke in Gnadenfrei. Vor dort wurde er 1815 als Leiter der Apotheke in Ebersdorf berufen. Er heiratete und hatte 6 Kinder. In der Führung der Apotheke war er wenig geschickt und „nachweislich unfähig".[12] Demnach war er nicht nur fachlich überfordert, sondern auch unfähig, die wirtschaftlichen Erfordernisse in den Griff zu bekommen. In einem Protokoll der Brüdergemeine findet man den Vermerk, dass „unter der Administration des seelg. Br. Schäfer mehrere grobe Versehen bei der Bereitung der verschriebenen Rezepte vorgefallen wären."[13]

---

[12] Vergl. Guntram Philipp: Herrnhuter Apotheker, Pioniere homöopathischer Arzneimittelherstellung. In: Medizin, Gesellschaft und Geschichte, Band 22, 2003, S. 112

[13] Archiv der Brüdergemeine Ebersdorf, Protokoll des Aufseher-Collegii vom 26. Oct. 1832, - VA R A.II.

Ebenso wurde immer wieder der zu große Warenbestand beanstandet. 1826 betrug er 3000 Reichstaler bei fast 1000 Reichstalern ausstehender Schulden. Mängel gab es offenbar auch bei der Ausbildung der Lehrlinge. Von 1819 bis 1827 arbeitete Benjamin Zacharias Herbrich in der Apotheke, zunächst als Lehrling, dann als Gehilfe. Herbrich ging danach nach Neudietendorf und musste sich, um als Apotheker zugelassen zu werden, dem Examen in Gotha unterziehen. Das Ergebnis besagte, dass Herbrich „höchst mangelhafte Kenntnisse in seinem Fach an den Tag gelegt" habe, und „daß derselbe sich wenigstens noch ein bis zwey Jahre lang befleißigen müsse, sich die in seinem Fache unentbehrlichen Kenntnisse zu eigen zu machen."[14] Herbrich konnte infolge dessen die Stelle als Administrator in Neudietendorf nicht länger bekleiden. Der Gemeine Neudietendorf drohte die Schließung der Apotheke. Sie wandte sich daher an die Gemeine Ebersdorf, um den anderen Gehilfen des Apothekers Schäfer, Christian Theodor Lappe, freigestellt zu bekommen. Im Ebersdorfer Protokoll ist vermerkt: „Der Br. Theod. Lappe, der sich zur Verwaltung der Neudietendorfer Apotheke gemeldet hatte, da der arme Herbrich im Examen durchgefallen war – wurde nun von der Ä.C. in Neudietendorf dazu berufen, u. nahm freudig diesen Antrag an."

[14] Archiv der Brüdergemeine Neudietendorf, VA.R.14.A.1. Acta weg. Besetzung der hiesigen Apothekerstelle 1828-1829

8. Christian Theodor Lappe – ein Pionier der Homöopathie

Christian Theodor Lappe (1802-1882) verbrachte also nur etwa ein Jahr (1827/28) als Apotheken-Gehilfe in Ebersdorf. Er war naturwissenschaftlich sehr interessiert und hatte nach der Apothekerlehre einige größere botanische und mineralogische Exkursionen in Schlesien, Böhmen und Österreich unternommen.

Christian Theodor Lappe

Nach dem Pharmaziestudium und Staatsexamen ging er 1827 nach Ebersdorf und wurde 1828 als Administrator der Apotheke nach Neudietendorf berufen. Sein Vorgänger in Neudietendorf war Daniel Thrän. Dieser war der erste deutsche Apotheker, der sich mit der Homöopathie befasste und auch homöopathische Arzneien in größerem Umfang herstellte. Diese wurden in alle Teile Deutschlands, nach vielen europäischen Ländern und sogar nach Nord- und Südamerika versandt. Lappe knüpfte an die Tradition Thräns an. Er stand in enger Verbindung mit Hahnemann, dem Begründer der homöopathischen Heilmethode. Mit seinen homöopathischen Arzneien erwarb Lappe bei Ärzten und Laien wachsendes Vertrauen und großes Ansehen, so dass sich auch sein Kundenkreis bald über ganz Deutschland und große Teile Europas erstreckte. Durch die internationalen Verbindungen der Herrnhuter gelangten die Lappe'schen Arzneimittel bis in die Missionsgebiete in Afrika, Südamerika und Asien.

Wirtschaftliches Geschick bewies Lappe auch dadurch, dass er der Apotheke einen kleinen Fabrikationsbetrieb für aromatische Essenzen angliederte. Nach dem Rezept eines zur Herrnhuter Brüdergemeine gelangten Schweizers entwickelte Lappe einen

Markenartikel, der heute noch bekannt und beliebt ist: „Neudietendorfer Aromatique".
Daneben widmete sich Lappe weiterhin seinen naturkundlichen Interessen und machte zahlreiche Entdeckungen und einmalige Funde auf dem Gebiet der Paläontologie. Er entdeckte z.B. den Mastodonsaurus-Schädel (Riesenlurch) von Molsdorf.[15]

Mit dem Weggang von Lappe und Herbrich entstanden große Probleme in der Apotheke Ebersdorf, zumal sich bei Schäfer krankheitsbedingte Einschränkungen bemerkbar machten. Bruder Schäfer bat die Gemeindeleitung um einen weiteren Gehilfen. Das Aufseher-Collegium hielt einen zweiten Gehilfen für dringend erforderlich, „da seit kurzem wegen dem öftern Betrunkenseins des Br. Schäfer, und durch geschehene Fehler bei der Receptur, mehrere Klagen eingegangen sind."[16]
Vorübergehend konnte Franz Peter Brath (1802-1872) als Provisor gewonnen werden. Ihm folgte ein Bruder Belitz, der gesundheitlich sehr labil war. Er hatte eine „Gemütskrankheit". 1831 wurde im Protokoll vermerkt, dass von Seiten der Landes-Direktion angezeigt worden wäre, dass Belitz wegen seiner Erkrankung nicht in der Apotheke bleiben könne und Schäfer nicht der Mann wäre, der einer Apotheke vorstehen könne.[17]
Damit war der Bestand der Apotheke gefährdet. Bei der Suche nach einem Provisor kam der ehemalige Gehilfe Herbrich in Vorschlag. Die Ebersdorfer Ärzte stimmten dem zu unter der Voraussetzung, dass Herbrich das Examen bestehe. Dieser hatte unter der fachkundigen Anleitung Lappes in Neudietendorf viel gelernt und bestand das Examen ohne Probleme. So kam er 1831 wieder nach Ebersdorf.

---

[15] Von der "Magenmedizin" zum "Aromatique", DAZ-online, 44, 2008
[16] Protokoll des Aufseher-Collegiums am 12. Febr. 1829
[17] Protocoll des Aufseher-Collegiums am 19. Apr. 1831

9. Wilhelm Heinrich Gempp

Von 1812 bis 1818, also während Schäfers Zeit als Apotheker, lernte und arbeitete auch Wilhelm Heinrich Gempp (1797-1851) in der Apotheke. Er war in der Brüdergemeine Ebersdorf als Sohn eines Tischlers geboren. Nach der Lehrzeit blieb er zunächst als Gehilfe in der Apotheke. Aber 1818 wurde er aus der Gemeine ausgeschlossen (wegen eines „Vergehens mit einer fremden Person") und verlor infolge dessen auch seine Anstellung in der Apotheke. Das bedeutete jedoch nicht das Ende seiner Karriere. Er studierte Medizin und ließ sich in Ebersdorf als Arzt nieder. Somit hatte er also auch wieder mit der Ebersdorfer Apotheke zu tun. Aus den Jahren 1828 bis 1832 existiert eine Aufstellung der Anzahl der von den beiden Ebersdorfer Ärzten Dr. Gempp und Dr. Kunstmann ausgestellten und in der Apotheke bearbeiteten Rezepte.[18]

1828:	553 (Gempp)	742 (Kunstmann)
1829:	1758	1601
1830:	1392	1556
1831:	1896	1497
1832:	1207	1435

---

[18] Archiv der Brüdergemeine Ebersdorf, VA.R.14.B.2.b

Gempp wurde vom Fürsten Reuß Heinrich 72. zum Leibarzt ernannt, hatte aber sehr unter der Willkür des exzentrischen Landesherrn zu leiden und wanderte 1836 nach Amerika aus. Er ließ sich in St. Louis nieder und war dort bald der beste und beliebteste deutsche Arzt. Auch die in der Ebersdorfer Apotheke erworbenen Kenntnisse waren ihm sehr nützlich, denn er besaß später wenigstens zwei Apotheken in der Stadt. Auf diese Weise brachte er es auch zu einigem Vermögen.
Nebenher betätigte er sich als Farmer, handelte mit Land und gab eine Zeitung heraus, den „Deutsch-Amerikaner".

Die Adler-Apotheke in St. Louis war 1850 im Besitz von Dr. Gempp, einem ehemaligen Ebersdorfer Apotheken-Gehilfen

10. Lehrverträge

Der Apothekerberuf war zu jener Zeit ein reiner Lehrberuf. Aus dem Jahr 1825 ist eine Zusammenstellung erhalten, in der die Bedingungen aufgelistet sind, die ein junger Mensch erfüllen musste, um den Apothekerberuf zu erlernen. Danach musste der Knabe ein Alter von 12 bis 14 Jahren erreicht haben und die notwendigen Schul- und Vorkenntnisse, insbesondere im Lateinischen, nachweisen. Auch musste er körperlich und geistig gesund sein. Die Lehrzeit betrug in der Regel 5 Jahre. Für seine Ausbildung wurde kein Lehrgeld erhoben, die Eltern mussten aber für reinliche Kleidung und den Unterhalt sorgen. Gewöhnlich wurde eine halbjährige Probezeit vereinbart, in der sich der Lehrling „nicht nur brav halten, sondern auch zeigen soll, dass er Lust und Vorliebe zu dieser Wissenschaft und Kunst hat."

11. Benjamin Zacharias Herbrich

Der Ebersdorfer Apotheker Andreas Schäfer starb 1832 im Alter von 53 Jahren.

Im selben Jahr wurde Benjamin Zacharias Herbrich (1798-1858) als Leiter der Apotheke berufen. Auch er war in der Brüdergemeine aufgewachsen und hatte eine gute Schulbildung erhalten. Er war der Sohn eines Gastwirts aus Christiansfeld in Dänemark. Das Apothekenhandwerk hat er in Ebersdorf von 1819 bis 1824 erlernt. Bis 1827 ist er noch als Gehilfe in der Ebersdorfer Apotheke tätig gewesen und danach für fünf Jahre nach Neudietendorf gegangen. Wie Aschenbach verfügte Herbrich über gute floristische Kenntnisse und hatte ein Herbarium aus dem Gebiet Neudietendorf – Erfurt – Arnstadt angefertigt. Leider scheint er in Ebersdorf nicht weiter gesammelt zu haben, denn wir suchen vergeblich nach Ergänzungen in der „Ebersdorfer Flora". Dagegen sind eine Reihe anderer Stücke aus Herbrich Zeit erhalten geblieben. Es gibt eine Urkunde, die den Herrn Hofapotheker Herbrich als Mitglied des Apotheker-Verein im nördlichen Deutschland ausweist. Ziel des Vereins ist es, zum Wohle der leidenden Menschheit und zum Besten der Wissenschaft zu wirken. 1837 beschloss die Ältesten-Conferenz in Ebersdorf „auf die Verheirathung des Br. Herbrich zu denken". Die Frage der Verheiratung war zur damaligen Zeit in der Brüdergemeine recht praktisch gelöst. Solange die jungen Männer noch in der Ausbildung oder wegen ihres geringen Einkommens nicht in der Lage waren, eine Familie zu ernähren, blieben sie ledig. Die meisten ihr ganzes Leben lang. Hatte aber jemand eine auskömmliche Position, z.B. als Apotheker, war es selbstverständlich, dass er heiratete. Darum musste (und durfte) er sich aber nicht selbst kümmern, sondern die Leitungsgremien der Gemeine wählten eine passende Partnerin aus. Wenn alle

Beteiligten einverstanden war, wurde zügig, meist innerhalb von 14 Tagen die Hochzeit vollzogen. Bei Herbrich lief es etwas anders. Man wollte ihn mit „einer begüterten Schwester" verheiraten, die Einkommen aus ihrem Vermögen hatte. Dann könnte nämlich Herbrichs Gehalt auch künftig bei 200 Talern verbleiben.
Im Protokoll sind die weiteren Schritte vermerkt: Mai: „Br. Herbrich hat seine Brautfahrt nach den Lausitzischen Gemeinen angetreten." Juni: „Herbrich ist unverrichteter Sache zurück gekehrt." September: „Die ledige Schwester Helena Elisabeth Reichel hat ihr Ja-Wort übermittelt" – Natürlich nicht direkt, sondern durch einen Brief von Br. Martin in Herrnhut an Br. Zwick in Ebersdorf. Am 8. Oktober 1838 war die Hochzeit, im August 1839 wurde die Tochter geboren.

12. Die „Administration" der Gemein-Apotheke

Aus dem Jahr 1834 gibt es eine „Übereinkunft der Administration hiesiger Gemein-Apotheke". Darin sind die Rechte und Pflichten des Verwalters der Apotheke, damals Herbrich, dargelegt. Auch Herbrich war als Apotheker nicht wirtschaftlich selbständig. Er war angestellt und erhielt ein Gehalt. Er war nur zu einem geringen Prozentsatz am Gewinn beteiligt, musste aber auch nicht für eventuelle Verluste aufkommen. Bei Handwerkern und Händlern in der Brüdergemeine war das zum Teil anders geregelt. Ein Handwerksmeister konnte z.B. die Bäckerei, Tischlerei oder Schmiede „auf eigene Rechnung" führen. Er hatte dann in finanzieller Hinsicht freie Hand, trug aber auch das Risiko. Die Leitung der Gemeine machte ihm trotzdem in vielerlei Hinsicht Vorschriften, z.B. über die Art und Menge der zu produzierenden Waren und über die anzustellenden Lehrlinge und Gesellen. Die Absicht dahinter war, dass jeder in der Gemeine eine ausreichende Lebensgrundlage hatte und die Unternehmen sich nicht unnötig Konkurrenz machten. Bei der Apotheke war das etwas anders. Sie hatte, ebenso wie der Gemeinarzt, auch eine soziale Funktion. Sie musste nicht unbedingt Gewinn erwirtschaften, eventuelle Verluste wurden von der Gemeine getragen. Der Gemein-Vorsteher war zugleich Vorgesetzter des Apothekers. Der Apotheker musste regelmäßig Bericht erstatten und in der Regel alle zwei Jahre eine Inventur durchführen und Gewinne bzw. Verluste errechnen.

In der Übereinkunft von 1834 wird der Apotheker verpflichtet, größten Fleiß und Treue zu zeigen und nach Möglichkeit allen Schaden und Unglück abzuwenden.

Bei der Zubereitung der Präparate ist höchste Zuverlässigkeit gefordert, das Ersetzen eines evtl. nicht vorhandenen Arzneimittels durch ein anderes ist ohne Rücksprache mit den Arzt untersagt. Es sollen keine großen Vorräte angeschafft werden, sondern so oft wie möglich durch frische ersetzt werden. Durch gute Qualität und möglichst billige Preise soll der gute Ruf der Apotheke bewahrt werden.

Der Apotheker muss in geschäftlichen Fragen, besonders bei bedeutenderen Unternehmungen, immer den Rat und die Zustimmung des Gemeinde-Leiters einholen. Er muss jederzeit über den Zustand des Unternehmens Rechenschaft ablegen können. Die Bücher müssen ordentlich geführt werden und einmal im Monat zur Revision vorgelegt werden. Der Apotheker darf keine weiten Geschäftsreisen ohne Zustimmung des Vorstehers machen. Unnötige Reisen sind zu vermeiden. Größere bauliche Veränderungen im und am Haus dürfen nur mit Zustimmung des Vorstehers erfolgen. Die Apotheke muss die vorgeschriebenen Abgaben an die Landes-Herrschaft leisten, ebenso wie eine Pensionsabgabe an die Witwe des vorigen Apothekers Schäfer. Etwaige Gewinne stehen der Gemeine zu. Der Apotheker darf keine Nebengeschäfte auf eigene Rechnung führen. Er darf nur die von der Gemein-Direktion gestatteten Waren führen.

Dem Apotheker wird folgendes zugesagt: ein jährliches Gehalt von 400 Reichstaler,[19] freie Wohnung, freies Holz und Licht. Im Krankheitsfalls sind die für ihn benötigten Medikamente ebenfalls frei. Für das Alter oder dauernde Berufsunfähigkeit nach vieljährigen treuen Diensten wird eine Pension in Aussicht gestellt, die sich nach der wirklichen Bedürftigkeit und der Dienstzeit bemessen solle. Das Vertragsverhältnis kann halbjährlich aufgekündigt werden, bei Verstößen gegen Gesetze oder die Gemein-Ordnungen auch unbefristet.

Auch in Herbrichs 26jähriger Dienstzeit gab es mehrmals Verluste beim Jahresabschluss. So musste z.B. bei der Inventur 1842 „ein unerwarteter Defect", vor allem durch wachsende Außenstände, verzeichnet werden. Die Ältesten-Conferenz beschloss deshalb eine „Anzeige in das Lobensteiner Amtsblatt einrücken zu lassen folgenden Inhalts, daß zukünftig keine Arzneien an Unbemittelte oder als Bemittelte nicht bekannte ohne Barzahlung oder

---

[19] Solange Herbrich ledig war, war sein Gehalt auf 200 Reichstaler festgelegt. Aufseher-Collegium am 14. Mai 1832

wenigstens eine schriftliche Garantie von den betreffenden Ortsbehörden verabreicht werden."[20]

Insgesamt gesehen war Herbrichs Bilanz positiv. Acht von den insgesamt 12 in seiner Amtszeit durchgeführten Inventuren brachten einen Überschuss, insgesamt 4639 Taler. Bei vier Inventuren musste er einen Verlust von insgesamt 2499 Talern verbuchen.

[20] Protokoll der Ältesten-Conferenz vom Dez. 1842

13. Herbrichs Rezeptbuch

Aus dieser Zeit ist ein handgeschriebenes Rezeptbuch erhalten geblieben, das mit ziemlicher Sicherheit dem Apotheker Herbrich zugeordnet werden kann. Dafür spricht nicht nur ein Schriftvergleich, sondern auch die gelegentliche Datierung der Einträge und die Tatsache, dass bei einer größeren Anzahl Rezepte als Quelle Christiansfeld angegeben ist, Herbrichs Geburtsort.

Das Buch enthält
Medizinische Rezepte mit lateinischer Bezeichnung, wie z.B.
- Pulv. Dentifria rubr. Christiansfeld
- Pulv. Catharrhal Pharm. Hamburg
- Pulv. Antispasmod Vogler.
- Spec. Rectoral Christfeld.
- Elix. Stomachii Hoffmann M.E.
- Pulv. Fumal. Fröhlich s. Herrnhutens.

Aber auch Rezepte mit deutscher Überschrift, wie z.B.
- Pillen bey alten hartnäckigen Husten von Herrn Rath Wolter
- Mittel für den Magenkrampf
- Mittel gegen die so genannte Fallsucht oder das böse Wesen
- Ein berühmtes Mittel den Bandwurm abzutreiben
- Mittel gegen Taubheit
- Mittel gegen Zahnweh

Weitere Rezepte können der Abteilung Kosmetik zugeordnet werden, wie z.B.
- Schönheitsmilch
- Einige Pomaden zur Förderung des Wachstums der Haare
- Ein bewährtes Mittel die Sommersprossen zu vertreiben
- Vorschrift zur ächten Rosenpomade
- Eau de Cologne
- Parfait d'amour.

Eine Zubereitung hieß „Eleet. Dentifriq. parat pao. Princess. Phillip Reuss (Schleiz)" und war wohl ein Zahnpulver speziell für die reußische Prinzessin Philippine (1781-1866) aus Schleiz.

Eine größere Anzahl Rezepte gibt es für die Herstellung von Likören
- Anis Liqueur
- Quitten Liqueur
- Pommeranzenblüth Liqueur
- Cassisblüt Liqueur
- Cedra (vollkommene Liebe)
- Vanille Liqueur
- Liqueur Aromatic

Weiterhin sind Rezepte für einige Genuss- und Nahrungsmittel eingetragen, z.B.
- Feigenbutter
- Pfefferminzküchelchen
- Chocolade aromat.
- Englisches Tafelbier ohne Malz zu brauen (nach Döbereimer in Jena)
- Ein vorzüglich schöner dem französischen ähnlicher Senf

Aber auch praktische Dinge des täglichen Bedarfs wurden gefertigt, wie z.B.
- Stiefelwixe
- Copal. Firniß nach Herrn Klaproths Anweisung
- Siegellack
- Schwarze Tinte
- Rote Tinte

Einen großen Bedarf gab es wohl für Feuerwerke. Im Rezeptbuch finden sich Anleitungen zur Fertigung der folgenden:

Leuchtkugeln	Feuerputzen
Goldregen	Zündlicht
Fontainen	Raketen 2 und 3 Böthig
Blaues Luntenfeuer	Weißes Luntenfeuer
Feuer-Räder	Knallpulver
Der schwarze Fluß	
Kleine Raketen und Schwärmer	

80.
Mittel gegen Zahnfäule

R. Napht. Vitriol ʒj
   Camph. tit. gr vj
D.S. Hierauf, befeuchtig d. Lebend
3 à 4 Tropfen in jedes Ohr
zu bringen.

R. Ĝi Gajac ʒjß.
   Extr. Gentian ʒij
   — Aconit ʒj
   Sulph: aur. ant. ʒß.
   Sapon venet. ʒj
M. f. pil. pd. gr II. D.S.
Hierauf Lebend 6 Stück zu
nehmen, u. allmählig zu
steigen.

81.
Mittel gegen Zahnweh

R. Ol. Caryoph. ʒß
   P. Thebaic gr iv
   Camph. t. a. d fet gr iv.
M. D. S. In den hohlen Zahn
   zu legen.
exor. din. D. Wiediger in Christianstad

R. Napht Vitriol ʒß
   P. Thebaic ʒj
   Camph. t fet ʒj
   Ol. Caryophill. gr iij
M. D.

52.
Pfänfer de milch

R. Farin: Amygdal ʒij.
   Aq. Rosar.
   — Naphae ar ʒviij.
   terend f. Emuls.
   Catul add
   P. Benzoes ʒij
   Borac. ven: ʒj

   m.d.
   Corat. Labial. alb.
      M. E.

R. Adip. Suill. ʒiiijß.
   Cetacei ʒij.
   Cerae alb. ʒiv.
   Ol. de Cedro
   — Lavend. an gtt xx
Corat labial rubr vide pag 86.

53.
Elect. Dentifric.
parat pav. Provess Phillys
   Reuss ~~ ~~ ~~
      (Schlez)

R.
   Pulv. lap. Pumic
   Tart. depur. an ʒij
   Alum: ustum ʒj
   Corall. rubr. ʒj
   Myrrh. ʒß.
   S. rad. Frid. flor ʒß
   Cicionell
   Sal tartar ar ʒij
   Ol. Caryoph. gr iij
   Mell. despum. q. s.
ad f. Electuar.

Herbrich blieb bis zu seinem Tod am 2. Mai 1858 Apotheker in Ebersdorf. Er starb überraschend mit 59 Jahren. Die Brüdergemeine hatte zunächst einige Schwierigkeiten einen geeigneten Nachfolger zu finden. Als Übergangsregelung wurde der bisherige Gehilfe Br. Reissig als „Commissionär" mit der Leitung der Apotheke beauftragt. Nach wenigen Monaten übernahm der andere Gehilfe Br. R. Reuschel dieses Amt.

14. Julius Koch

Im August 1859 wurde der Apotheker Julius Koch (1820-1865) eingestellt. Aus seiner nur 6jährigen Dienstzeit ist wenig bekannt. Er war in Gnadau geboren und hatte dort die Ortschule und anschließend die Pensions-Knaben-Anstalt besucht. Da er große Lust zum Geschäft des Apothekers zeigt, ging er für eine fünfjährige Lehre zu Bruder Padel in die Christiansfelder Apotheke. Anschließend war er als Geselle in Niesky, Gnadenfeld und Herrnhut. In Dresden hat er über mehrere Jahre neben seiner Tätigkeit in einer Drogeriewaren-Handlung Vorlesungen an der medizinischen Akademie besucht und sich so die nötigen Kenntnisse für die Apothekerprüfung angeeignet. So konnte er die Apotheke in Ebersdorf übernehmen. Nebenher betrieb er in Ebersdorf Forschungen zur Gewinnung und Verarbeitung des Flachses. In praktischen Versuchsreihen erforschte er die Auswirkung verschiedener Chemikalien auf die Verarbeitbarkeit des Flachses und beschäftigte sich mit Verfahren zum Färben dieser Fasern. Eine längere handschriftliche Abhandlung zu diesem Thema ist erhalten. Ob sie veröffentlicht wurde, konnte nicht ermittelt werden. Vielleicht hat der frühe Tod Kochs es verhindert. Das raue Ebersdorfer Klima war seiner von jeher schwachen Gesundheit gewiss nicht förderlich.
Julius Koch ist 1865 im Alter von 44 Jahren gestorben.

15. Hermann Ludwig Schmitt

Mitte des Jahres 1865 folgte auf Koch der Apotheker Ludwig Schmitt, ein geborener Ebersdorfer. Er kam 1834 auf die Welt und ist die ersten 20 Jahre seines Lebens in Ebersdorf geblieben. Nach der Schule begann er die Apothekerlehre. Anschließend arbeitete er in verschiedenen Orten als Gehilfe, zunächst in Ebersdorf, dann in Neudietendorf und Herrnhut, bevor er die Anstellung als Apotheker in Ebersdorf erhielt. Gleich im ersten Jahr erwirtschaftete er einen Gewinn von 290 Talern. Die erbetene Heiratserlaubnis wurde ihm von der Ältesten-Conferenz gern gewährt.[21] Wie die meisten der Ebersdorfer Apotheker beschäftigte sich auch Schmitt mit Botanik. Davon zeugen mehrere Herbarien, die neben der heimischen Pflanzenwelt auch Sammlungen aus außereuropäischen Ländern, z.B. aus Labrador und Südafrika enthalten. Aus Schmitts Lebenslauf kann man mit ziemlicher Sicherheit entnehmen, dass er die Pflanzen in letztgenannten Gegenden nicht selbst gesammelt hat, denn er ist vermutlich nie aus Deutschland heraus gekommen. Da aber die Brüdergemeine in diesen Gebieten Missionare im Einsatz hatte, ist er wohl auf diese Weise an seine Sammelstücke gekommen.

---

[21] Protokoll Aufseher-Coll. Vom 5. März 1866

16. Die Eckmarkschen Pillen

In Schmitts Amtszeit fällt der Erwerb des Rezepts der bekannten Eckmarkschen Pillen („Jonas Eckmarksche Pilularum Salutis") für die Ebersdorfer Apotheke. In den Kassenbüchern taucht dieses Mittel, das bis dahin von den Eckmarkschen Erben vertrieben wurde, erstmalig im Oktober 1875 auf. Die Pillen wurden nun in Ebersdorf hergestellt. Als Anwendung wurde für diese Pillen eine ganze Reihe von Krankheiten angegeben, u.a. Brust- und ansteckende Fieber, Hautausschläge, Verschleimung, eiternde Wunden, Hämorrhoiden, Koliken, Schwindel.
1936, als die Apotheke zur Verpachtung angeboten wurde, wurden die Pillen als Eigenspezialität aufgeführt, mit dem Zusatz „Abführ Aloe Pillen". Eine weitere Spezialität war das Eckmarksche Zugpflaster.
Hier ist das Rezept der Eckmarkschen Pillen:

Aloe plv. Subtilis	37,0
Herba Absinthii plv.	15,0
Radix liquiritiae plv.	12,0
Aqua dest.	14,0

Aus 23 Gramm wurden 300 Pillen bereitet.
Wenn sich aus dem Rezept auch gewisse Zweifel an der Wirksamkeit bei verschiedenen der aufgeführten Krankheiten ergeben, so muss doch gesagt werden, dass sich die Pillen bis in die 1950er Jahre einer großen Aufmerksamkeit erfreuten. Unter Apotheker Martin in den Jahren 1888 bis 1934 scheint der Vertrieb den größten Umfang erreicht zu haben. Aber noch in den Jahren nach 1940 wurden sie nach ganz Deutschland geliefert. Bestellungen aus Frankfurt/Oder, Babelsberg, Glauchau, Görlitz, Leipzig, Dresden, Erfurt, Jena, Hannover, Lüneberg, Bad Godesberg, Stuttgart usw. sprechen dafür.

Ludwig Schmitt verwaltete die Apotheke bis Mai 1883. Dann kündigte er die Stelle und verließ Ebersdorf. Der Grund war eine Alkoholabhängigkeit, die sich im Laufe der Jahre entwickelt und immer mehr verstärkt hatte. Das Aufseher-Kollegium bescheinigte Schmitt, dass er 18 Jahre lang das Geschäft gut geführt hat und seinem Nachfolger in gutem, geordneten Zustand hinterlässt.

17. Hermann Eschert

Die Apotheke wurde 1883 von Hermann Eschert übernommen. Eschert war 1845 in Gnadenfrei gebürtig. Er besuchte dort die Ortsschule und kam 1859 nach Ebersdorf, um eine Lehre in der Apotheke zu beginnen. Als er 1863 damit fertig war, blieb er noch zwei Jahre als Gehilfe in der Apotheke. Darauf ging er in gleicher Funktion nach Niesky. Danach folgten vielleicht weitere Stationen. 1883 jedenfalls ist er als Apotheker nach Ebersdorf gekommen. Eschert hat die Apotheke nur 4 Jahre geleitet. Anschließend ist er nach Herrnhut gegangen und war bis 1904 Verwalter der dortigen Apotheke.

18. Die 46 Jahre dauernde Ära Richard Martin

1887 übernahm Gustav Kühn vertretungsweise die Leitung für ein Jahr. Er war später Hofapotheker in Schleiz und ein guter Freund von Richard Martin.

Im Juli 1888 übernahm Richard Martin die Ebersdorfer Apotheke. Sie blieb danach 46 Jahre, also bis 1934, in seiner Hand. Während dieser Zeit hat Martin durch seine Persönlichkeit das Ansehen der Apotheke wesentlich vermehrt. Martin war Mitglied der Brüdergemeine und als solches auch in der Gemeine sehr aktiv, beliebt und geachtet. Über viele Jahre war er Mitglied, zeitweise Vorsitzender, des Ältestenrates. Bis 1920 war Ebersdorf-Brüdergemeine ein politisch selbständiger Ort (neben Ebersdorf-Ortsgemeinde) und hatte demzufolge auch einen eigenen Bürgermeister. Richard Martin wurde zum stellvertretenden Bürgermeister gewählt. Auch in wirtschaftlicher Hinsicht hat Martin die Apotheke erfolgreich geführt. Als z.B. im Jahr 1910 ein Überschuss von 3600 Mark erwirtschaftet wurde, wurde ihm ausdrücklich dafür gedankt.

In den 1920er Jahren richteten Gustav Kühn, Hofapotheker in Schleiz, und der Schleizer Stadtarchivar Robert Hänsel im Schleizer Schloss ein Apothekenmuseum ein. Die Ebersdorfer Apotheke stellte dafür einige altertümliche Gerätschaften und Gefäße zur Verfügung. Leider ist das Museum 1945 bei der Bombardierung von Schleiz zerstört worden. Einige der alten Ebersdorfer Gefäße sind jedoch über einen anderen Weg erhalten geblieben. Sie waren von der Sammlung Heinrici Halle erworben worden und befinden sich heute im Deutschen Apothekenmuseum in Heidelberg. Ein Albarello (Apothekengefäße) ist wie folgt beschrieben:

„So trägt der in Kobaltblau dekorierte Albarello aus der einstigen Apotheke der Brüdergemeinde in Ebersdorf (Reuss) die Marken B.F.S.[22], dem sich unter dem Strich das Malerzeichen B. anfügt. Das Stück stammt somit aus der Fränkel-Schreck-Periode der Fabrik und entstand demnach zwischen 1744 und 1751. ... Der Blätterkranz, in dem Blattpaare mit kleinen Früchten wechseln, ist wie die vier großen Blüten sehr sorgfältig gemalt. Die weiße Glasur des Gefäßes hat einen leicht rötlichen Schimmer."[23]

Richard Martin (li.) und Gustav Kühn

In der Zeitschrift „Zur Geschichte der deutschen Apotheke" von 1933[24] findet man den Hinweis:

> *Ebersdorf* (Reuß). Die Apotheke der Herrnhuter Brüdergemeinde besitzt schöne *Faenztöpfe*, die selbst inschriftlos sind, deren Schildrand aber sehr hübsch in einem kobaltblauen Blätterkranz ausgeführt ist... Hier gibt

---

[22] B.F.S. - Bayreuth Fränkel Schreck
[23] Hein/Koning: Deutsche Apotheken-Fayencen, Govi-Verlag, 1977, S.132
[24] Zur Geschichte der deutschen Apotheke, 1933. S.39

es weiter kleine ampullenförmige, vermutlich selbst geblasene, Fläschchen aus grünem Glase mit dickem Boden, die etwa 1 g halten und die bis unter den Stöpsel mit einem Salz gefüllt sind.

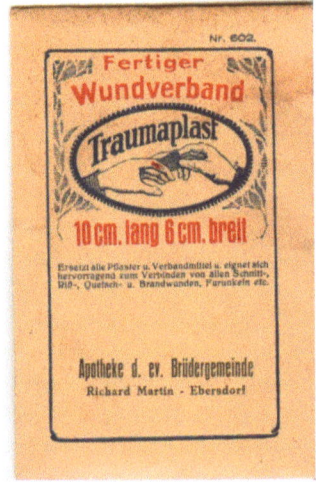

19. Wilfried Padel

Auf Richard Martin folgte im Jahr 1934 der Apotheker Wilfried Theodor Padel (1881-1936), dessen Vorfahren seit mehreren Generationen „brüderisch" und Apotheker waren. Zwar wurde er 1881 in Tinana (Südafrika) geboren, weil sein Vater dort Missionar im Auftrag der Brüdergemeine war. Padels Vorfahren aber führten seit 1797 die Apotheke in Christiansfeld. Auch Wilfried Theodor erhielt seine Ausbildung in  dieser Apotheke und übernahm 1910 deren Leitung. 1915 wurde er zum Militär eingezogen und dort zum Oberapotheker befördert. In Ebersdorf war ihm nur eine kurze Schaffenszeit vergönnt, denn im Juli 1936 ist er plötzlich an einem Herzschlag verstorben. Er ist auf dem Gottesacker der Brüdergemeine begraben.

20. Albert Kindt – der erste Apothekenpächter

1933 waren die Nationalsozialisten an die Macht gekommen und vieles hatte sich geändert. Die Apothekerstelle musste nun, 1936, öffentlich ausgeschrieben werden. Es meldeten sich 14 Bewerber aus ganz Deutschland. Für drei Monate übernahm der Apotheker Gottlieb Friedrich Wilhelm Jooß die kommissarische Leitung, bis er im Oktober 1937 von Albert Kindt abgelöst wurde. Auf Grund des 1936 erlassenen Gesetzes „über die Verpachtung und Verwaltung öffentlicher Apotheken" wurde Kindt ab 1.9.1937 als Pächter eingesetzt. Er war damit nicht mehr Angestellter der Brüdergemeine, sondern selbständiger Geschäftsmann. Kindt war zugleich der erste Ebersdorfer Apotheker, der nicht Mitglied der Brüdergemeine war. Die Pachtsumme wurde vom „Bezirksapothekerführer" festgelegt. Von amtlicher Stelle gab es zunächst Bedenken gegen Kindt, da er zweimal schuldhaft geschieden war und hohe Unterhaltszahlungen leisten musste.

Vom Ältestenrat der Brüdergemeine wurde bemängelt, dass Kindt die Apotheke schlecht führt und der Kundenkreis kleiner wird. „Dazu trägt vor allem die unbestimmte Mittagszeit bei und die häufige Abwesenheit am Sonntag." Kindt hängte nach Belieben ein Schild heraus: "1/4 Stunde Mittagszeit", machte aber keine Angabe über Beginn und Ende der Viertelstunde.
Kindt blieb nur zwei Jahre in Ebersdorf.

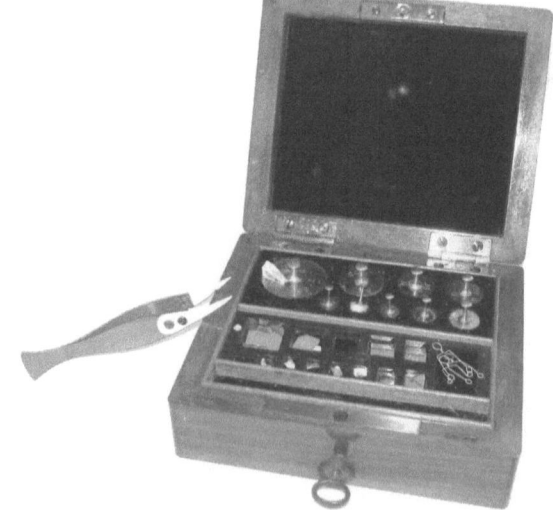

21. Ottokar Klink – schwere Zeiten

Am 1.10.1939 wurde der Apotheker Ottokar Klink (1890-1961) neuer Pächter. Er war „Bruder", also Mitglied der Brüdergemeine. Klink war in schwierigen Zeiten tätig. Bereits 1939 klagte er über die geringe Auslastung des Ebersdorfer Krankenhauses, was sich ja auch auf die Apotheke auswirkte. 6 Jahre Krieg und die schwere Nachkriegszeit stellten auch den Apotheker vor große Probleme, von denen die Lieferschwierigkeiten bei Arzneimitteln nur eines war. 1946, nach Kriegsende erhielt die Brüdergemeine und damit auch die Ebersdorfer Apotheke eine Medikamenten-Sendung aus Schweden und der Schweiz. Es handelte sich hauptsächlich um Chemikalien zur weiteren Verarbeitung durch den Apotheker.

Erstaunlich ist, dass in dieser schweren Zeit, im Oktober 1946, das 200jährige Bestehen der Ebersdorfer Gemeine festlich begangen wurde. Dabei wurde ausdrücklich festgestellt, dass auch die Apotheke seit 200 Jahren besteht. An der Apotheke wurde eine Schrifttafel angebracht, die an dieses Ereignis erinnerte.
Mit Gründung der DDR waren wiederum neue Anforderungen zu meistern und die Besitzverhältnisse änderten sich schon wieder. Durch Gesetz wurden 1949 alle Apotheken auf DDR-Gebiet in Staatshand überführt. Der Apotheker und seine Mitarbeiter waren jetzt Angestellte des Staates. Die Ebersdorfer Einrichtung wurde in eine Poliklinik-Apotheke umgewandelt. Das Gebäude blieb im Besitz der Brüdergemeine, die für das Inventar 1953 eine Entschädigung von 3603 Mark erhielt. 1955 gab es zusätzlich

eine Abfindung von 4973 Mark für das erloschene Apothekenbetriebsrecht. Da für die Apotheke jetzt auch größere finanzielle Mittel vom Staat zur Verfügung gestellt wurden, konnte die Ausstattung modernisiert werden. Ottokar Klink musste aus gesundheitlichen Gründen die Leitung der Apotheke zum Ende des Jahres 1952 abgeben. Die Übergabe seines Amtes und die notwendige Räumung der Dienstwohnung wurden von einem unschönen Streit mit der Brüdergemeine überschattet, der schließlich zum Austritt Klinks aus der Brüdergemeine führte.

Im Januar 1953 trat Wolfgang Hertel an seine Stelle als Leiter der Poliklinik-Apotheke. Er hatte das Amt bis September 1957 inne. Danach übernahm er die Apotheke in Lobenstein.

22. 48 erfolgreiche Jahre – Dr. Rudolf Laufke

1957 wurde der damals 30jährige Dr. Rudolf Laufke als Leiter der Apotheke angestellt. Er hatte sich für Ebersdorf „wegen der reizvollen Landschaft" entschieden. Im Jahr zuvor hatte er an der Math.-Naturwissenschaftlichen Fakultät der Universität Jena mit einer Arbeit „Studien zur Isolierung von Convallatoxin" den Doktor-Titel erworben. Laufke hat die Apotheke bis 2005 geführt, also 48 Jahre lang.

Dr. Laufke und seine Frau Marianne waren im gesellschaftlichen Leben Ebersdorfs beliebte und geachtete Personen. Sie waren im Gemeinderat, später im Stadtrat und im Kreistag aktiv. Beide engagierten sich besonders für den Naturschutz. Wie die meisten Apotheker vor ihm, war auch Dr. Laufke ein gründlicher Kenner der heimischen Flora. Er war stets gern bereit sein Wissen weiter zu geben. 1962 verfasste er eine längere Artikelserie im „Oberlandecho" mit dem Titel „Wir sammeln Heilpflanzen". In der gleichen Zeitung veröffentlichte er mehrere Beiträge „Streifzug durch unsere Pflanzenwelt", die auch im Buch „Rund um die Bleilochtalsperre"[25] enthalten sind.

Dr. Laufke engagierte sich leidenschaftlich im seinerzeit sehr bekannten Dorftheater Ebersdorf. In mehreren Stücken übernahm er Hauptrollen, u.a. in „Die Lützower", „In Sachen Adam und Eva" und „Der Mann mit dem Gewehr". Für sein volkskünstlerisches Schaffen wurde Laufke mit dem Kunstpreis des Bezirks Gera ausgezeichnet.

Dr. Lauke gelang es unter den oftmals schwierigen Bedingungen in der DDR die Apotheke weiter zu entwickeln. Der Umsatz konnte beträchtlich gesteigert werden.

---

[25] A. Pasold: Rund um die Bleilochtalsperre, Leipzig 1961

Dr. Laufke 1970 als Lenin im Stück "Der Mann mit dem Gewehr"

Die politische Wende und die deutsche Wiedervereinigung 1989/1990 erforderten von Dr. Laufke hohe Anstrengungen und eine geschickte Hand, um die langjährig geleitete Apotheke zu erhalten und letztlich auch die persönliche Existenz zu sichern. Am 1.10.1990 wurde die ehemals Staatliche Apotheke Ebersdorf privatisiert. Sie war damit die erste Apotheke des ehemaligen Pharmazeutischen Zentrums der Kreise Lobenstein und Schleiz, die diesen Schritt wagte. Der Warenbestand belief sich laut Inventur auf 116 259,44 DM. Das Jahr 1991 wird unter ostdeutschen Apothekern als Chaosjahr bezeichnet. Kurzfristig sich ändernde Vorschriften gingen meist zu Lasten der Apotheker. Dr. Laufke konnte allen Widrigkeiten trotzen, die Apotheke Ebersdorf erhalten und sie nach und nach den neuen Erfordernissen anpassen. Im Januar 1991 wurde der erste Computer angeschafft.

Beträchtliche Veränderungen gab es in der Warenbelieferung. Dr. Laufke: „Als ich im Jahre 1957 nach Ebersdorf kam, wurden wir pro Woche zweimal von einem Vertreter des Großhandels besucht, der handschriftlich die Bestellungen aufnahm." Später kam der Vertreter nur noch einmal pro Woche, dann 14tägig und schließlich 1 mal im Monat. „Jetzt (nach der Wende) stehen mehrere Großhändler zur Verfügung, die dreimal pro Tag anliefern." Auch die Anzahl der Arzneimittel wuchs um das 10 bis 20fache. „Daneben änderten sich jetzt ständig die Preise." Die Zahl der Mitarbeiterinnen betrug etwa 6.

1996

Auch nach der Wende war Dr. Laufke politisch sehr engagiert. 1990 wurde er zum Vorsitzenden des Kreisverbandes der SPD gewählt. Ebenfalls 1990 bei der ersten Kreistagswahl im vereinten Deutschland erzielte er mit 2097 Stimmen das drittbeste Ergebnis.

Für seine Verdienst wurde Dr. Rudolf Laufke 2014 mit der Ehrenmedaille des Saale-Orla-Kreises ausgezeichnet.
Im Jahr 2005 hat der fast 78jährige Dr. Laufke seine Tätigkeit in der Apotheke beendet. Die Firma „Apotheke Ebersdorf - Dr. Rudolf Laufke, Ebersdorf" wurde am 13.7.2005 aus dem Handelsregister gelöscht.

23. Zinzendorf-Apotheke von Pharmazierat Günter Müller

Im Jahr 2005 erwarb Pharmazierat Günter Müller, bereits Besitzer der Alten Stadtapotheke in Adorf, die Apotheke in Ebersdorf. Er hat größere Summen in die Modernisierung des Geschäftes investiert. Die Offizin wurde vollständig neu möbliert und modern gestaltet, die Arbeitsräume und die Ausstattung den veränderten Bedingungen angepasst. Die Apotheke erhielt den Namen „Zinzendorf-Apotheke".

Gegenwärtig sind neben dem Apotheker Karsten Müller sechs Mitarbeiterinnen in der Apotheke beschäftigt.